START MIT SCHWIERIGKEITEN

Reiseerzählungen

bearbeitet
von Edith Schmitz

Max Hueber Verlag

Umschlaggestaltung: Rotraut Susanne Berner, Weyarn
Verlagsredaktion: Birgit Petrick
Illustrationen: Michael Schwab, Beuern

CIP-Kurztitelaufnahme der Deutschen Bibliothek

> Lesetexte Deutsch. – München [i. e. Ismaning]: Hueber
> Start mit Schwierigkeiten: Reiseerzählungen / bearb. von
> Edith Schmitz. – 1. Aufl. – 1985.
> ISBN 3-19-001379-9
> NE: Schmitz, Edith [Bearb.]

Alle Rechte, auch die des Nachdruckes, der Wiedergabe in jeder Form und der Übersetzung in andere Sprachen, behalten sich Urheber und Verleger vor. Es ist ohne schriftliche Genehmigung des Verlages nicht erlaubt, das Buch oder Teile daraus auf fotomechanischem Weg (Fotokopie, Mikrokopie) zu vervielfältigen oder unter Verwendung elektronischer bzw. mechanischer Systeme zu speichern, systematisch auszuwerten oder zu verbreiten (mit Ausnahme der in den §§ 53, 54 URG ausdrücklich genannten Sonderfälle).

1. Auflage

3. 2. 1. | Die letzten Ziffern
1989 88 87 86 85 | bezeichnen Zahl und Jahr des Druckes.
Alle Drucke dieser Auflage können, da unverändert, nebeneinander benutzt werden.
© 1985 Max Hueber Verlag · München
Satz: Typo Dreitausend, München
Druck: E. Rieder, Schrobenhausen · Printed in Germny
ISBN 3-19-001379-9

Inhaltsverzeichnis

Vorwort 4
A. E. Johann:
Der Busch 5
R. Avé-Lallement:
Bei den deutschen Kolonisten in Blumenau 18
B. Traven:
Der Großindustrielle 30

Wörterverzeichnis 45
Schlüssel zu den Übungen 55
Kurzbiographien der Autoren 57
Quellennachweis 59

Vorwort

Wer eine Fremdsprache lernt, möchte seine neuen Kenntnisse anwenden, sein Können überprüfen und natürlich auch noch Neues dazulernen. Das soll Ihnen dieses Leseheft mit interessanten Reiseerzählungen ermöglichen.

Um das Heft mit Erfolg lesen und durcharbeiten zu können, sollten Sie Grundkenntnisse der deutschen Sprache haben. Diese Texte sind auf der Grundlage des Zertifikats „Deutsch als Fremdsprache" gestaltet. Das bedeutet, daß die Wörter aus der Wortschatzliste für dieses Zertifikat als bekannt vorausgesetzt werden. Wörter, Wendungen und Ausdrücke, die darüber hinausgehen, sind entweder durch eine einfache Zeichnung neben dem Text oder im alphabetischen Wörterverzeichnis erklärt. Sie sind im Text durch eine schräge Schrift gekennzeichnet. International verwendete Wörter sind nicht erklärt. Auch sollten Sie versuchen - wo immer möglich - die für Sie unbekannten Wörter aus dem Zusammenhang des Textes zu erklären.

Nach jeder Geschichte finden Sie Fragen zum Inhalt der Geschichten und Übungen zum Verständnis einzelner Wörter und Fragen zur weiteren Überlegung oder zur Diskussion. Der Schlüssel im Anhang des Heftes erlaubt Ihnen, Ihre Kenntnisse zu überprüfen und Fehler zu korrigieren.

Viel Spaß beim Lesen und Lösen der Aufgaben!

Herausgeberin und Verlag

A. E. Johann
Der Busch

1. Start mit Schwierigkeiten

Ich zählte mein Geld.
 Was?
 Ich zählte noch einmal: Mein Gott, es waren wirklich nur noch zwanzig Dollar.
 Und damit wollte ich in den Wilden Westen?
 Ich verstand langsam, was einer meiner Bekannten gemeint hatte, als er vor der Abfahrt zu mir sagte: „Armer, unglücklicher Freund!" Das Gesicht, welches er dabei machte, war das eines *erfahrenen* Mannes gewesen, der zum einhundertelften Male die Jugend vor dem Unglück warnt, in das sie gerade läuft.
 Bei mir half das alles nichts, da die Natur mir einen sehr dicken Kopf mitgegeben hat. Außerdem war meine Freude darüber, daß dem *Verlag* meine mit viel Worten *vorgetragenen* Ideen für einen Reisebericht gefallen hatten, viel zu groß. Keine Macht der Welt hätte mich dazu bewegen können, die 200 Dollar, die man mir gegeben hatte, anders auszugeben, als mir eine Fahrkarte nach Edmonton zu kaufen. (Für diejenigen, die in der Schule gerade gefehlt haben, als über Nordamerika gesprochen wurde: Edmonton ist die Hauptstadt der *Weizenprovinz* Alberta im Westen Kanadas, im Nordwesten des nordamerikanischen *Kontinents*.)
 Daß es auch einem *Zeitungsreporter* – und so konnte ich mich nun ja wohl nennen – nicht immer gutgeht, hatte ich schon auf dem Schiff gemerkt. Ich war die Nummer 297 einer

Gruppe von Menschen, die nach Nordamerika auswandern wollten. Jeweils acht von uns schliefen in kleinen Räumen, die nur durch dreiviertelhohe Wände getrennt waren. Der *Gestank* war furchtbar, besonders nachts. Ich bitte um Verzeihung wegen des Wortes „Gestank", das man sonst in einem solchen Zusammenhang nicht benutzen sollte; es hilft vielleicht, den Leser auf spätere kraftvolle Ausdrücke vorzubereiten.

Um mir das Leben ein wenig angenehmer zu machen und meine Gesundheit zu retten, hatte ich von den fünfzig Dollar, die nach dem Kauf der Fahrkarte noch übrig waren, dreißig für Zigaretten, Alkohol und ein paar andere Dinge ausgegeben.

Fünfzig weniger dreißig gibt zwanzig, das war nicht zu ändern, und mit diesen zwanzig Dollar in den müden Händen, saß ich nun traurig im *Güterbahnhof* der „Canadian Pacific" in der Nähe von Montreal, der großen alten Stadt des kanadischen Ostens. Um mich herum war der Lärm der Züge; kein Mensch kümmerte sich um mich. Nirgends standen Schilder mit den Worten: „Es ist verboten…". Wenn mir ein Unglück passierte, dann war das meine Sache; kein Zweifel – ich war in Amerika.

Drüben stand der Zug, in dem ich mit etwa 800 anderen Leuten aus allen europäischen Ländern in den Westen fahren sollte.

Plötzlich hörte ich eine Stimme: „Willst du zu Fuß nach Westen laufen, Junge? Dein Zug fährt ab!"

Der Mann hatte recht, er fuhr wirklich schon. Ich sprang auf, nur einen Gedanken im Kopf: „Mein Koffer!"

Ich lief hinter dem Zug her und schaffte es gerade noch, den letzten Wagen zu erreichen und hochzuklettern.

2. In die Wildnis

Lange genug hatte ich in Edmonton herumgelegen.

Alle *Einwanderer* schliefen in einem grauen alten Gebäude, das an die Unterkünfte erinnerte, in denen früher *Kriegsgefangene* leben mußten.

Da saß man nun Tag für Tag in dieser großen, fremden Stadt, die kaum dreißig Jahre alt war. Schmutzige kleine Holzhäuser standen neben großen modernen Hochhäusern, Straßenbahnen fuhren mit großer Geschwindigkeit durch schlechte Straßen; in den Geschäften sah man neben Kleidern aus Paris Cowboyhosen und *Pferdesättel*. Vor allem aber war es in allen Straßen schmutzig, wenigstens für europäische Augen.

Mein tatenloses Herumliegen in dem großen Schlafraum mit anderen Einwandern, von denen manche schon vier oder sechs Wochen darauf warteten, daß sie reich würden, machte mich langsam müde und fertig. Eines schönen Tages ging ich daher zu einem Büro, wo man mir für fünf Dollar den Namen des *Besitzers* eines *Sägewerks* nannte, der Arbeiter suchte. Ich sollte am nächsten Montag auf einer bestimmten *Bahnstation* sein, dann würde er mich mit zu seinem Sägewerk in den Busch nehmen. Eine Sägemühle war zwar nicht in meinem Programm gewesen, aber ich hätte noch ganz andere Sachen gemacht, nur um aus der schlechten Luft des gemeinsamen Schlafraums herauszukommen. Und außerdem besaß ich jetzt nur noch drei Dollar!

Ich packte meine Sachen und fuhr los. Ich wußte nicht, was mich erwartete, kannte meinen „Chef" nicht, wußte auch nicht, was ich verdienen sollte. Auch wo das Sägewerk war und was ich dort machen sollte, war mir unbekannt.

Nach zweistündiger Bahnfahrt erreichte ich die kleine

Bahnstation, stieg aus und sah mich nach meinem „Chef" um; kein Mensch war zu sehen – warten wir also. Ich setzte mich neben meine Sachen und ließ mir die warme Frühlingssonne ins Gesicht scheinen.

Schon war ich halb eingeschlafen, als mich plötzlich ein *wilder* Lärm wieder wach machte. Um die Ecke des kleinen Bahnhofsgebäudes fuhr ein alter Ford und hielt vor mir. Aus dem kleinen Auto kletterte ein Mann, dem man in Deutschland nicht gern allein im Dunkeln begegnet wäre. Der *riesige* Mann kam auf mich zu: „Well, da bist du ja, mein Junge!" und schlug mir dabei auf die *Schultern*, daß ich fast in die Knie *brach*.

Kinder, dachte ich, geht das hier in Kanada schnell mit dem Bekanntwerden! Was will der Mann? Als wäre es die selbstverständlichste Sache von der Welt, sagte mir der gute Mann, ich solle meine Sachen hinten ins Auto werfen und mich nach vorn zu ihm setzen, wir hätten nicht viel Zeit zu verlieren, wenn wir noch an Ort und Stelle sein wollten, bevor es dunkel wurde. Dabei war es gerade erst zehn Uhr. Das kann ja schön werden, sagte ich zu mir, in diesem alten Kasten von Auto bis zum Abend zu fahren. Aber was half's! Schon fuhren wir los.

Zuerst waren die Wege noch ganz ordentlich, solange Felder und Wiesen rechts und links der Straße lagen. Je weiter wir aber kamen, desto verlassener, *wilder* und *einsamer* wurde die Gegend. Ohne ein Wort zu sprechen, fuhren wir, so schnell es ging, in den Busch hinein, bald durch Sand, bald durch tiefe Löcher voller Wasser, in denen wir fast *versanken*.

Wir kletterten einen Berg hinauf, und vor uns in der Sonne lag ein großer See. Wir fuhren am Wasser entlang, Stunde für Stunde, bis unser Weg plötzlich ein wenig in den Wald hineinführte. Wir hielten unter ein paar großen Bäumen, stiegen aus dem Auto, nahmen unsere Sachen und gingen einen schmalen Fußweg entlang. Bald sah ich vor mir ein einfaches kleines *Blockhaus* – das also war meine Heimat für die nächsten Wochen.

Enttäuscht war ich ganz und gar nicht. Die Wildnis um mich herum war so schön, wie ich sie mir kaum im *Traum* hatte vorstellen können.

Und morgen also an die Arbeit!

3. Leben im Wald

Zum See ging ich *fischen*, zum großen Pigeon-Lake. Das ist die einfachste Sache der Welt. An den vorhergehenden Abenden waren die anderen der Reihe nach dran gewesen, die tägliche Fischmahlzeit zu *fangen*; heute mußte ich es tun, am späten Abend.

Es dauerte nicht allzu lange, bis ich ein paar Fische hatte, und ich machte mich auf den Weg nach Hause. Es wurde schon langsam wieder hell.

Plötzlich – ich war ganz in Gedanken *versunken* – kommt mir ein kleiner brauner *Bär* entgegen, ein noch recht junges Tier. Was tun? Schließlich weiß ich nicht, wie man am besten mit einem Bären *umgeht*. So bleibe ich stehen; der Bär bleibt stehen; ich *schreie*, um ihn zu erschrecken; er läßt ein *Brummen* hören, um mir zu sagen, ich solle den Weg frei machen. Ich schreie lauter und springe dabei hoch in die Luft. Das ist ihm wohl zu viel! Er dreht sich um und läuft in die Büsche.

Ich hatte auch weiterhin Glück an diesem schönen Morgen; als ich ins *Lager* kam, schlief noch alles. Vorsichtig ging ich zu meiner *Hütte* und legte mich noch eine halbe Stunde hin. Dann erst schlug der Hammer des alten Charly, unseres Chefs, an die Hüttenwand – Zeit zum Aufstehen.

Schnell tranken wir unseren Kaffee und aßen den gebratenen *Schinken* und die *Pfannkuchen*, unser immer gleich bleibendes Frühstück, und die Sägearbeiten fingen an – elf lange Stunden.

Der Busch ist endlos, einsam und leer, und das Leben darin ziemlich unbequem; doch man gewöhnt sich an alles. Das Bett ist hart, durch das Dach der Hütte läuft der Regen. Neulich wurde ich wach, weil mein ganzes Bett naß war; ich half mir, indem ich das Bett zwei Schritte zur Seite stellte. Wenn es nun wieder regnet, läuft das Wasser auf den Boden und stört mich nicht mehr.

Ein Bad gibt es natürlich auch nicht, wohl aber reichlich fließendes Wasser. Draußen läuft ein schneller, eiskalter *Bach* vorbei, und wer will, kann sich darin die Füße waschen. Es gibt sogar einige ganz Verrückte, die darin baden.

Auch daß wir uns selbst unsere Mahlzeiten kochen, ist, wenn man die Anfangsschwierigkeiten hinter sich hat, keine allzu schwierige Sache, da es jeden Tag dasselbe gibt: 80 Prozent aller Mahlzeiten bestehen aus *Bohnen* mit *Speck*, der Rest aus Kaffee.

Schrecklich ist das Saubermachen, doch auch hierüber setzt man sich leicht hinweg, indem man nämlich die Hütte und das Geschirr nie saubermacht, sondern es nach dem Essen bis zum nächstenmal gleich liegen läßt – eine sehr praktische Methode, die man europäischen Hausfrauen nur *empfehlen* kann.

Wenn bloß die schrecklichen *Moskitos* nicht wären, die das Leben tatsächlich zur *Hölle* machen!

Wie leer das endlose Land ist! Meile für Meile nichts als Busch, unverändert seit Jahrtausenden; kaum irgendwo ein Mensch, überall nur der stille Busch. Ungestört leben hier Tausende von Vögeln. Weit und breit kein Mensch! Um den großen Pigeon-Lake herum, in einem Gebiet von vielleicht tausend Quadratmeilen, wohnen keine dreißig Menschen.

Etwa eine Stunde entfernt von unserer Sägerei wohnt ganz allein hoch über dem See ein alter Mann, an die Siebzig ist er. Vor fünfzig Jahren hat er seine Heimat in Süddeutschland verlassen, ist auf allen Meeren gewesen, kennt jetzt jedes Land dieser Erde und kam vor vierzig Jahren, als an Eisenbahnen und Städte hier im Westen noch nicht zu denken war, von der Pazifischen Küste her als *Pelztierjäger* ins Land. Zu einer Zeit, als noch niemand daran dachte, daß der kanadische Westen einmal das reichste Weizenland der Erde werden würde, ist er durch die wilden Wälder gezogen. Schließlich blieb er hier am einsamen Pigeon-Lake, den er für den schönsten und fischreichsten aller Seen des Nordwestens hält. Fünfundzwanzig Jahre zogen in dieser einsamen Gegend an ihm vorüber; für ihn waren es schöne Jahre. Sein altes Herz hängt an diesem riesigen See und seinen stillen Ufern.

Zu diesem Alten gehe ich gern; es macht ihm Freude, mit mir wieder Deutsch sprechen zu können; sein süddeutscher *Dialekt* ist noch immer klar zu erkennen. Wir unterhalten uns über tausend Dinge; jeden Abend beinahe bin ich bei ihm und bestimmt jeden Sonntag. Trotz des Unterschieds im Alter entwickelt sich zwischen uns eine Freundschaft. Wenn ich dann mit ihm vor seinem Haus sitze, das er, anders, als es sonst hier üblich ist, sehr sauber hält, dann erzählt er mir seine Geschichten aus vergangenen Tagen.

A Zum Verständnis des Textes

Kreuzen Sie die richtigen Antworten an:

1. Was machte der Erzähler der Geschichte mit den 200 Dollar? – Er kaufte
   a) eine Fahrkarte nach Edmonton.
   b) einen Verlag.
   c) Reisebücher.

2. Wo liegt Edmonton?
   a) In den USA.
   b) In Kanada.

3. Welchen Beruf hatte er? Er war
   a) Angestellter in einem Verlag.
   b) Fahrkartenverkäufer.
   c) Lehrer.
   d) Zeitungsreporter.

4. Wieviel hatte seine Fahrkarte gekostet?
   a) 50 Dollar.
   b) 150 Dollar.
   c) 200 Dollar.

5. Warum hatte er nur noch 20 Dollar, als er in Kanada ankam?
   a) Er hatte die Fahrkarte, Zigaretten und Alkohol gekauft.
   b) Er hatte unterwegs noch viel Geld für nützliche Sachen und Medikamente ausgegeben.
   c) In der Nähe von Montreal mußte er einige Sachen kaufen.

6. Wie fühlte er sich auf dem Güterbahnhof?
   a) Er war allein mit sich selbst.
   b) Sehr gut, weil sich viele Menschen um ihn kümmerten.

7. Wie wollte er von dem Güterbahnhof weiter in den Westen Kanadas kommen?
   a) Zu Fuß.
   b) Mit dem Flugzeug.
   c) Mit der Eisenbahn.

8. Wo wohnten die Einwanderer in Edmonton? – In einem
   a) alten, dunklen Haus.
   b) großen, modernen Hotel.
   c) Haus mit vielen Kriegsgefangenen zusammen.

9. Was für einen Eindruck bekam er, als Europäer, zunächst von Edmonton?
   a) Die Straßen waren sehr gut.
   b) Die Straßenbahnen der Stadt fuhren viel zu schnell.

c) Er fand die Stadt sehr sauber und modern.
   d) Für ihn war die Stadt schmutzig.

10. Woran litt er in Edmonton am meisten?
    a) Er hatte nichts zu tun und lag nur so herum.
    b) Die anderen Einwanderer wurden schnell sehr reich, nur er nicht.
    c) Er mußte zu hart arbeiten.
    d) Er wurde krank.

11. Wo sollte er Arbeit finden?
    a) Auf der Bahnstation.
    b) Auf einer Sägemühle mitten in Edmonton.
    c) Auf einer Sägemühle im Busch.
    d) Bei der Eisenbahn.

12. Wer kam an die kleine Bahnstation, um ihn abzuholen?
    a) Ein Bekannter.
    b) Ein sehr großer und breiter Mann.
    c) Keiner holte ihn ab.
    d) Sein Chef.

13. Fuhren sie mit dem Auto an das kleine Blockhaus heran?
    a) Ja.
    b) Nein.

14. Was machte er, um den Bären loszuwerden?
    a) Er blieb stehen und sah ihn scharf an.
    b) Er brummte laut, um ihn zu erschrecken.
    c) Er lief schnell weg.
    d) Er schrie und sprang in die Luft.

15. Wie könnte man das Leben im Busch beschreiben?
    a) Aufregend und angenehm.
    b) Einfach und lustig.
    c) Hart und unbequem.

16. Warum wurde er eines Tages wach?
    a) Der Regen war durch das Dach auf sein Bett gekommen.
    b) Es regnete draußen so stark.
    c) Jemand stellte sein Bett zwei Schritte zur Seite.
    d) Sein Bett war zu hart.

17. Wer machte jeden Tag das Geschirr sauber?
    a) Das machten die Arbeiter selbst.
    b) Keiner.
    c) Der Chef.

18. Was war für ihn das Schlimmste in der Wildnis?
    a) Das Saubermachen.
    b) Das schlechte Essen.
    c) Die Moskitos.
    d) Seine unbequeme Hütte.

19. Warum war der alte Mann aus Süddeutschland an dem einsamen "Pigeon-Lake" geblieben?
    a) Die Eisenbahn führte dorthin.
    b) Die Gegend war reich an Weizen.
    c) Es waren viel zu große Städte in der Nähe.
    d) Für ihn war dies der schönste See des Nordwestens.

20. Hat er nach all den Jahren seinen süddeutschen Dialekt vergessen?
a) Ja.
b) Nein.

B Setzen Sie folgende Wörter in die Lücken ein:

> am – an – aus – für – nach – um

a) Sein Herz hängt ... diesem schönen See. b) ... wieviel Uhr fangen Sie mit der Arbeit an? c) Vor 200 Jahren sind viele Europäer ... Amerika ausgewandert. d) Ich möchte Sie ... Verzeihung bitten. e) ... ihn kümmerte sich keiner. f) Die Einwanderer kamen ... allen europäischen Ländern. g) Nach zwei Stunden Fahrt stieg ich ... dem Zug aus. h) Geht endlich ... die Arbeit! i) Wissen Sie, wie man ... besten mit einem Bären umgeht? j) ... diesem schönen Morgen hatte er nur Glück. k) ... Abend waren sie nach der harten Arbeit sehr müde.

C Setzen Sie die folgenden Wörter in der Imperfektform in die Lücken ein:

> ausgeben – aussteigen – auswandern – einschlafen – losfahren – umdrehen – weglaufen

a) Vor 100 Jahren ... ihr Großvater nach Kanada ... b) Der

Bär ... sich ... und ... schnell ... c) Er ... sein letztes Geld für Zigaretten und Alkohol ... d) Sie ... an der letzten Bahnstation ... e) Er hatte schwer gearbeitet und ... sofort ... f) Der Bus ... pünktlich ...

D Was meinen Sie dazu?

1. Hatten es Einwanderer früher leichter oder schwerer in dem für sie fremden Land? Wie stehen Sie dazu? Welches Leben würde z. B. heute ein Einwanderer in Kanada oder in den USA erwarten?

2. Wie wichtig ist der Beruf des Einwanderers? Wie stehen zum Beispiel die Chancen für einen Bauern / Lehrer / Techniker / Ingenieur / Manager / Büroangestellten usw.? Ist es heute, Ihrer Meinung nach, überhaupt noch möglich, sich allmählich hochzuarbeiten z.B. vom Tellerwäscher zum Millionär?

Robert Avé-Lallement
Bei den deutschen Kolonisten in Blumenau

Die Stadt Blumenau hat wirklich vor, eine Stadt zu werden. Im Moment fehlt ihr aber alles, was eine Stadt ausmacht. Von Kirche, Rathaus und sonstigen öffentlichen Banken ist noch nichts zu sehen, auch stehen so wenig Häuser am Weg, daß man sich fragen muß: Wo ist nun aber die Stadt?

Eine kleine Empfangshütte gleich links ist in ihrer einen Hälfte fertig, die andere besteht nur aus einem Dach. Die erste Hälfte dient für kurze Zeit als Raum für eine Schule und als Kirche und ist da für eventuell Neuankommende, die nicht unbedingt einen freundlichen Eindruck bekommen.

Sehr hübsch ist aber die Wirtschaft des Herrn Friedenreich, wo Dr. Blumenau wohnt und wir uns ebenfalls ein Zimmer mieten werden. Herr Friedenreich hat gute Kenntnisse auf vielen Gebieten und ist ein wohlerzogener Tierarzt, dessen freundliche, nette junge Frau ihr Haus gut regiert. Doch wollen wir von meinem lieben, guten *Emigranten* in Blumenau nachher noch einiges erzählen.

Zu beiden Seiten des ziemlich schlecht gehaltenen Weges stehen nun einige ganz hübsche Häuschen bis gegen eine Höhe hin, wo ein sehr gutes *Pastor*enhaus gebaut wird und eine Kirche geplant ist. Es ist aber noch nichts davon zu sehen.

Das Ganze macht aber einen recht freundlichen Eindruck, besonders wenn sich der Neuankommende erst an das schöne Wort „Stadt" Blumenau gewöhnt hat, was ja wohl nicht ganz paßt.

Neben dem Eindruck des Freundlichen und *Friedlichen* macht der Ort aber auch einen etwas traurigen Eindruck. Wohin man sieht, wohin man geht, wo man steht, überall sieht man, daß es völlig an Geldmitteln fehlt, um dem Ort, der Verwaltung und den Einwohnern weiter zu helfen und die *Kolonie* als Ganzes zum Blühen und zum Erfolg zu bringen. Kaum hier und dort ein Stückchen Weg, kaum hin und wieder eine kleine schmale Brücke, nichts hat den Ausdruck von etwas Fertigem, zu Ende Geführtem oder zeigt auch nur ein geringes Weiterkommen in diese Richtung.

Was an Wegen und schmalen Brücken gut gewesen sein soll, ist von der *Überschwemmung* kaputt gemacht worden. Seitdem fehlen die Geldmittel. Dr. Blumenau war eben von Rio zurückgekommen, ohne dort neue *Unterstützung* gefunden zu haben. Seinen mit der Regierung gemachten Vertrag kann der gute Doktor nicht erfüllen, und ich kann mich nicht überzeugen, daß eine weitere Entwicklung seines Programms möglich ist.

Dies liegt nicht allein daran, daß nicht genug Geld da ist. Wollte ich meine Ansichten hier entwickeln, warum ich für die Kolonie Blumenau, wie sie jetzt steht und liegt, keine besseren Zukunftsaussichten sehe, so müßte ich gar manches erzählen, was zu sehr ins einzelne geht, als daß sich die Öffentlichkeit dafür interessiert. Mein guter lieber Blumenau und ich haben uns in der Zeit meines Aufenthaltes am Itajahy halb tot diskutiert, ohne uns in gar manchen Meinungsunterschieden auch nur ein klein wenig näher zu kommen.

Wenn ich mich nicht völlig irre, so ist Blumenaus *Kolonial*programm der beste Beweis dafür, daß, wenn ein einzelner etwas alleine macht, dies nicht rein und frei ist von der Kritik anders denkender Menschen. Und diese Kritik kann auch in manchen Fällen durchaus begründet sein.

Werfen wir nun einen Blick auf die Einwanderer, die am Itajahy leben, so finden wir zu unserer Freude, daß die Menschen bei der Wahl ihres Ortes eine glückliche Hand gehabt haben. Die Deutschen sind ja bekannt dafür, fleißig zu sein, und ihre Arbeit hier hat sich wohl gelohnt. Das Land am Itajahy ist ausgezeichnet, alles blüht und wächst herrlich, besonders die neue *Zuckerrohrpflanzung* verspricht eine gute Zukunft.

Gleich am folgenden Tag nach meiner Ankunft gingen wir durch den größeren Teil der Kolonie spazieren, an dem kleinen Fluß Garcia. Herr Friedenreich und Herr von Gilza, der jetzt Lehrer in der Kolonie ist, gingen mit.

Zweig

Äste

Stämme

Auch hier am Itajahy und an der Garcia war ich *erfüllt* von einem Gefühl des Wunderns und *Achtens*, als ich die große Arbeit der Menschen sah. Es machte einen großen Eindruck auf mich. Wie in Rio Grande und seinen Kolonien war auch hier sehr hart gearbeitet worden, bis tief in den *Urwald* hinein. Das Feuer hat alles, an das es kam, weggebrannt. Nur an die echten Waldbäume kommt es nicht heran. *Zweige* und *Äste* der Bäume brennen ab, aber die *Stämme* bleiben stehen, sie sind kaum angebrannt und mögen noch manche Jahre hier liegen, bevor sie faul geworden und auseinander gefallen sind. Und zwischen diesem Durcheinander steht das dichte Zuckerrohr, und aus manchem Stück Wald ist schon längst ein hübscher *Weideplatz* für Tiere geworden. Man vergesse nicht, daß ich im sogenannten Winter, im Juli, am Itajahy war und deswegen weniger von den lebendigen, frischen Farben des Waldes und der Landwirtschaft rede.

Geht man nun von einem Häuschen ins andere, so findet man mehr oder weniger zufriedene Menschen.

Am glücklichsten sind die, die in Europa allein von der Arbeit ihrer Hände abhängig waren. Früheren *Tagelöhnern*,

Arbeitern, *Gärtnern* usw. geht es sehr gut, besonders dann, wenn sie verheiratet sind und viele Kinder haben. Leute, die mit nichts anfingen, haben sich trotz vieler Schwierigkeiten herausgearbeitet und sind glücklich geworden, ja, viele haben ganz schön hohe Schulden abarbeiten können.

Weniger günstig, ja zum Teil recht ungünstig stehen die da, die in Europa vom Land zur Stadt wechselten und vielleicht nicht aus dringender Not auswanderten. Die Frauen und Töchter in solchen Familien sind arm dran. Die Männer haben ihre harte Urwaldsarbeit, und wenn sie sehen, daß ihnen ihr Werk gelingt, ist das ein schönes Gefühl für sie, es macht ihnen sehr häufig selbst Freude. Die Frauen aber, die in der schlechten Hütte oder in dem kleinen Häuschen wohnen, denken oft traurig an die kleine, zwar arme, aber saubere Heimat zurück. Dort machte ihnen das Leben mehr Freude, und sie hatten immer die Hoffnung, daß es ihnen eines Tages besser gehen würde. Aber hier, wo sie weit weg sind von allem, in den kleinen Wegen des Urwalds an der Garcia, ist das anders!

Ich traf eine Familie aus Hamburg, mitten in einer Kolonie, die sich gerade entwickelte. Der Mann war ganz zufrieden und hatte Mut. Die Frau aber war gedrückt. Das Haus ist noch sehr offen an allen Ecken. Zwischen den *Palmenstämmen*, die meistens noch die Wände sind, geht der Wind recht stark durch, und der kleine einfache Raum, in dem die Frau mit ihren drei Töchtern wohnt, ist noch lange, lange kein Wohnzimmer, auch wenn manche europäischen Haushaltssachen – der letzte Rest der sauberen Haushaltsgegenstände – an den sogenannten Wänden stehen mag.

Am allerwenigsten aber passen die Kinder, wie sie jetzt noch aussehen, in das Leben hier hinein. Ein hübsches, erwachsenes Mädchen zeigt deutlich, daß sie nicht für die harte Arbeit geschaffen ist. Eine zweite Tochter von etwa zwölf Jahren, die durch die anstrengende Seereise an Schiffs-*typhus* gelitten hat, aber schon wieder frisch und froh herumläuft, ist so nett anzusehen, wie sie so groß und in wirklich hübschen Farben vor mir steht. Und nun noch ein drittes kleines Mädchen: Was will das im Urwald? Es ist jetzt fast so eine Art Leben, als hätte man sie in ein fremdes Land, ganz weit weg von allem, geschickt, um sie loszuwerden! Ja, wenn die Mädchen Bauernmädchen wären und hart auf dem Feld und im Wald arbeiten könnten! Da würden sie vielleicht bald heiraten und könnten sich mit ihrem Mann eine Existenz schaffen. So aber wie sie aussehen, leiden sie tief daran, daß sie mit ihren Eltern nach Blumenau ausgewandert sind, von dem man in deutschen Zeitungen so viel Schönes berichtet hat. Und kann man am Ende einer Mutter böse sein, wenn sie, ohne einmal an sich selbst zu denken, tiefes *Heimweh* bekommt, wenn sie ihre Töchter ansieht?

Auch Krankheit schlägt hart hinein in das Kolonistenleben. Das Leben ist nur für gesunde Leute, nicht für kranke Menschen. Es fehlen Krankenzimmer, und es gibt auch keinen wirklichen Arzt. Da aber im Kolonistenleben ein jeder seine Bedeutung hat und selbst zehnjährige Kinder mit ihrer Arbeit wichtig sind, ist Kranksein immer sehr schlimm hier. Denn wenn einer krank wird, bleibt die Arbeit, mit der man fest gerechnet hat, liegen. Ich habe Kinder von zehn Jahren gesehen, die sich zu kleinen Arbeiten vermietet hatten und außer dem Essen und Trinken täglich vier *Silbergroschen* verdienten. Werden sie krank, so bleibt den Eltern eine bedeutende Hilfe aus, was für Europa nicht so allgemein gesagt werden kann.

Und wenn nun solche Kranke auch noch an den letzten Enden wohnen! Tief im Wald kamen wir an ein sehr arm aussehendes, kleines Haus, mehr eine Hütte. In ihr saß eine eben vom Typhus aufgestandene Frau, die sich einen Waldvogel zum Essen machte. Ein kleines Kind spielte um sie herum. Der Mann war nicht zu Hause. Das Ganze machte einen traurigen Eindruck auf mich. Wer nun an die *Romantik* des Urwalds und des Kolonistenlebens denkt, mag sich so ein Bild einmal richtig vorstellen. Besonders sollten es sich diejenigen mal richtig vorstellen, die gerade dabei sind, auszuwandern.

So findet man denn, wenn man sich das Kolonistenleben zwischen Fluß und Wald einmal genau ansieht, Vieles, das Freude gibt und auch Vieles, das traurig ist. Ich glaube bestimmt, daß sich alles auch am Itajahy regeln wird und zum Guten wenden wird. Ja, ich denke, daß das schon in wenigen Jahren geschehen wird, wenn es einer guten Verwaltung mit reichlichen Mitteln gelingt, alles zu unterstützen, was richtig, erfolgversprechend und menschlich ist.

So gewann ich bei meinem ersten Besuch einzelner Kolonistenwohnungen in Blumenau im allgemeinen einen ganz günstigen Eindruck. Wer aber einzelne schöne Punkte im Kolonistenleben am Itajahy oder besser in Blumenau kennenlernen will, dem rate ich, eine kleine Strecke weiter den Fluß hinabzufahren und zum Prestien zu gehen, der aus Mecklenburg kommt. Dort findet er einen ganz ausgezeichneten, einfachen und netten *Landwirt*, der aus seiner großen Kolonie einen netten, sauberen Bauernhof gemacht hat, wie ich in deutschen Kolonien auf brasilianischem Boden keinen besseren gesehen habe.

Prestien ist aber auch ein Mann, der mit Kopf, Herz und den Händen sehr viel schafft, und den sich alle, die in Sta. Catarina wohnen wollen, erst einmal ansehen sollten und um Rat fragen sollten. Es ist schade, daß so ein Mensch nicht auch weiter in einem größeren Raum sein Arbeitsgebiet hat, das über die eigene Zuckerrohrpflanzung hinausgeht. Ich hörte am Itajahy, Prestien hätte eine Arbeit über Landwirtschaft am Itajahy nach Deutschland gesandt, um sie dort drucken zu lassen.

Außer Prestien muß aber auch Herr Herbst besucht werden, gewöhnlich der „alte Herbst" genannt. Ich besonders nenne ihn hier so, um ihn von seinem fleißigen Sohn und meinem *botanischen* Freund Herbst in Rio de Janeiro zu unterscheiden. Dieser hat vor kurzer Zeit einen botanisch-gartenkünstlerischen Auftrag in Mauritius sehr gut erfüllt und ist gerade dabei, einen Kunstgarten in Rio zu planen.

Der alte Herbst ist aber gar nicht alt, sondern sehr frisch und jugendlich geblieben. So wie er – als früherer Beamter – eine sehr gute Erziehung mit fleißiger Arbeit verbindet, verbindet er auf seinem Grund und Boden eine herrliche Gartenromantik mit guter Landwirtschaft.

Sein Haus liegt auf einem *Fels* über dem Fluß. Das Haus ist wunderbar. Es gibt einen kleinen, herrlichen Garten mit schönen Pflanzen. Hoch über dem Fluß ist auch eine natürliche Bank aus Stein, die wirklich schön liegt oder hängt, wie man das gerade nennen will. Wer so schlechter Laune an den Itajahy kommen sollte, daß ihn der lebensfrische alte Herbst nicht gleich beim ersten Treffen froh und glücklich macht, der setze sich einen Augenblick auf die Bank über dem Fluß. Und dann sage er zu sich selbst, daß es doch viel Wunderbares auf der Welt gibt – oder er werfe sich von oben herunter, denn dann ist das Leben nichts mehr für ihn, und es besteht auch keine Aussicht mehr, daß er sich ändern wird.

A Zum Verständnis des Textes

Kreuzen Sie die richtigen Antworten an:

1. Die Stadt Blumenau
   a) hat alles, nur noch kein Rathaus.
   b) hat viele öffentliche Banken.
   c) ist im Moment überhaupt noch keine richtige Stadt.
   d) ist schon eine richtige große Stadt.

2. Was ist nicht in der kleinen Empfangshütte drin? Eine
   a) Abteilung für Leute, die neu in den Ort kommen.
   b) Kirche.
   c) Schule.
   d) Wirtschaft

3. Wo wohnt Herr Blumenau?
   a) Im Pastorenhaus.
   b) In der Wirtschaft des Herrn Friedenreich.
   c) In einem kleinen hübschen Haus, das oben auf der Höhe steht.

4. Was braucht Blumenau dringend?
   a) Eine Brücke.
   b) Eine Verwaltung.
   c) Geld.
   d) Hübsche Häuser.

5. Haben die anders denkenden Menschen mit ihrer Kritik immer unrecht?
   a) Ja.
   b) Nein.

6. Was kann man über das Land am Itajahy sagen?
   a) Hier wachsen keine Pflanzen.
   b) Der Boden macht einen traurigen Eindruck.
   c) Der Boden ist sehr gut.

7. Was macht einen besonders großen Eindruck auf den Besucher?
   a) Die ausgezeichnete Arbeit, die die Menschen hier geleistet haben.
   b) Der hübsche kleine Fluß Garcia.
   c) Der große Urwald mit den vielen Waldbäumen.

8. Welche Menschen haben es am leichtesten, hier am Itajahy zu leben? Die Menschen,
   a) die im Grunde nicht dringend aus Not auswandern mußten.
   b) die früher schon mit ihren Händen gearbeitet haben.

9. Was steht im Text über die Männer und Frauen in Blumenau?
   a) Die Arbeit im Urwald machte den Frauen Freude.
   b) Die Männer dachten oft traurig an die alte Heimat.
   c) Die Männer und Frauen waren glücklich, eine neue Heimat gefunden zu haben.
   d) Die Frauen litten unter der neuen Umgebung.

10. Warum leiden die Kinder, besonders die Mädchen, darunter, daß sie mit ihren Eltern ausgewandert sind?
    a) Für sie ist die Art Leben viel zu hart.
    b) Sie sind fleißige Bauernmädchen und würden gerne in Europa auf dem Feld arbeiten.
    c) Sie werden bald heiraten und eine eigene Existenz aufbauen.

11. Was passiert, wenn jemand krank wird?
    a) Die Arbeit bleibt liegen.
    b) Jemand anders macht die Arbeit.
    c) Die anderen teilen sich seine Arbeit.

12. Was für einen Eindruck hatte der Erzähler der Geschichte vom Leben am Itajahy? Er meinte,
    a) alles sei schrecklich und traurig.
    b) daß es keine Aussicht auf Erfolg gebe.
    c) daß sich hier alles günstig entwickeln werde.

13. Welchen Rat gibt der Erzähler der Geschichte am Ende jenen Menschen, die mit schlechter Laune und sehr traurig an den Itajahy kommen? Sie sollen
   a) fleißig in der Landwirtschaft arbeiten.
   b) in den Urwald gehen.
   c) sich auf die Bank über dem Fluß setzen.

B Bilden Sie Sätze nach folgendem Muster:

> Er ist heute nach Hamburg gefahren. (München)
> Wollte er nicht eigentlich nach München fahren?

a) Sie haben letzte Woche ein Haus gekauft. (Eigentumswohnung) b) Er lernt seit einem Jahr deutsch. (englisch) c) Martin und Brigitte sind vor drei Wochen nach São Paulo gezogen. (Rio de Janeiro) d) Alfred und ich sind letzten Sommer mit dem Bus durch die Schweiz gefahren. (Auto) e) Sie ist Mechanikerin geworden. (Ingenieurin)

C Setzen Sie folgende Wörter in die Lücken ein:

> an – für – von

a) Erzählen Sie mir doch bitte etwas ... den Menschen in Blumenau. b) Es war am Anfang sehr schwer ... sie, sich ... das Leben dort zu gewöhnen. c) ... was hast du da gerade gedacht? d) Es fehlt ihnen ... Geldmitteln. e) ...

wem redest du da eigentlich? f) Der Ort liegt ... dem kleinen Fluß Garcia. g) ... wen arbeitet er? h) So ein Leben ist nichts ... kleine Kinder und Frauen. i) Ich möchte gerne einen Stein ... hier oben herunterwerfen.

D Was meinen Sie dazu?

1. Der Text ist ein Reisebericht aus der zweiten Hälfte des 19. Jahrhunderts. Welche Hinweise auf die Zeit finden Sie im Text (z.B. das Verhältnis zwischen Männern und Frauen)? Was ist Ihrer Meinung nach heute anders? Wie würden sich Männer bzw. Frauen in einer solchen Situation heute verhalten?
2. Aus welchen Gründen wandern Menschen aus ihrem Land aus? (Arbeit/Religion/Natur usw.)
3. In welchem Land der Erde würden Sie am liebsten wohnen? Geben Sie Gründe für Ihre Wahl.
4. Welches Alter ist das beste Alter zum Auswandern? (20/30/40/50 Jahre oder älter?)

B. Traven
Der Großindustrielle

Korb

Bast

In einem kleinen *indianischen* Dorf im Staat Oaxaca erschien eines schönen Tages ein Amerikaner, der Land und Leute studieren wollte. Als er durch das Land fuhr, kam er zu der Hütte eines indianischen Klein-Landwirtes. Der verdiente sich noch ein klein wenig dazu, indem er in der freien Zeit, die ihm von seiner Tätigkeit auf seinem *Mais*feld blieb, kleine *Körbchen flocht*.

Diese Körbchen wurden aus *Bast geflochten*, der in verschiedenen Farben, die der *Indianer* aus Pflanzen und *Hölzern* gewann, *gefärbt* war. Der Mann verstand diesen *vielfarbigen* Bast so *künstlerisch* zu *flechten*, daß, wenn das Körbchen fertig war, es aussah, als wären dort viele Blumen und Tiere drauf. Daß diese Tiere und Blumen nicht etwa auf das Körbchen aufgemalt waren, sondern als Ganzes sehr gut und gekonnt hineingeflochten waren, konnte auch einer, der nichts davon verstand, sofort erkennen. Er brauchte sich nur das Körbchen von innen anzusehen. Denn innen waren alle die Blumen und Tiere an der gleichen Stelle zu sehen wie außen. Die Körbchen konnten für schöne Ringe oder andere hübsche Dinge benutzt werden, man konnte aber auch all die Sachen hineinlegen, die man zum Nähen brauchte.

Wenn der Indianer etwa zwanzig Stück dieser kleinen Kunstwerke geschaffen hatte, und er in der Lage war, sein Feld für einen Tag allein zu lassen, dann machte er sich frühmorgens um zwei Uhr auf den Weg zur Stadt, wo er die Körbchen auf dem Markt anbot. Die Marktgebühr kostete ihn zehn *Centavos*.

Obwohl er an jedem einzelnen Körbchen mehrere Tage arbeitete, so verlangte er für ein Körbchen nie mehr als fünfzig Centavos. Wenn der Käufer jedoch erklärte, das sei viel zu teuer und versuchte, es für weniger Geld zu bekommen, dann ging der Indianer auf fünfunddreißig, auf dreißig und selbst auf fünfundzwanzig Centavos herunter, ohne je zu wissen, daß dies wohl die meisten Künstler auch immer machen müssen.

Es kam oft genug vor, daß der Indianer nicht alle seine Körbchen, die er auf den Markt gebracht hatte, verkaufen konnte. Denn viele Mexikaner kaufen bei weitem lieber einen Gegenstand, der in einer *Massenindustrie* von zwanzigtausend Stück täglich hergestellt wird, aber den Stempel „Paris" oder „Wien" oder „Dresdner Kunstwerkstatt" trägt, als daß sie die Arbeit eines Indianers ihres eigenen Landes zu achten verstünden. Dieser stellt nicht zwei Stück ganz genau gleich her, jedes Stück ist anders, gibt es nur einmal.

Wenn der Indianer seine Körbchen nicht alle verkaufen konnte, dann ging er mit dem Rest von Ladentür zu Ladentür, wo er, je nachdem, unfreundlich, *gleichgültig* oder *gelangweilt* behandelt wurde oder weggeschickt wurde, wie solche Leute, die an der Tür verkaufen wollen, eben behandelt werden.

Der Indianer nahm dies hin wie alle Künstler, die allein den wirklichen Wert ihrer Arbeit kennen. Er war nicht traurig, nicht ärgerlich und nicht böse darüber.

Wenn er so von Haus zu Haus ging und den Rest seiner Körbchen verkaufen wollte, wurden ihm oft nur zwanzig, ja sogar fünfzehn und zehn Centavos für das Körbchen geboten. Und wenn er es selbst für diesen niedrigen Preis verkaufte, so sah er häufig genug, daß die Frau das Kästchen nahm, kaum richtig ansah, und dann, noch in seiner Gegenwart, das Körbchen auf den nächsten Tisch warf, als wollte sie damit

sagen: „Das Geld ist ja völlig umsonst ausgegeben, aber ich will doch den armen Indianer etwas verdienen lassen, er hat ja einen so weiten Weg gehabt. Wo bist du denn her? – So, von Tlacotepec. Weißt du, kannst du mir nicht ein paar *Truthühner* bringen? Müssen aber schwer und sehr billig sein, sonst nehme ich sie nicht."

Die Amerikaner bekommen ja solche wunderbaren Kunstwerke nicht so oft zu sehen wie die Mexikaner, die, von einigen Ausnahmen abgesehen, nicht wissen und nicht achten, was sie in ihrem Lande an schönen Dingen haben. Und wenn vielleicht auch nicht jeder Amerikaner den wirklichen Wert an *unvergleichlicher Schönheit* dieser Arbeiten richtig versteht, so sieht er doch in den meisten Fällen sofort, daß es sich hier um Volkskunst handelt. Er achtet diese Volkskunst und erkennt sie um so schneller, als sie in seinem Land fehlt.

Der Indianer saß vor seiner Hütte auf der Erde und flocht die Körbchen.

Sagte der Amerikaner: „Was kostet so ein Körbchen, Freund?"

„Fünfzig Centavos, Señor", antwortete der Indianer.

„Gut, ich kaufe eines, ich weiß schon, wem ich damit eine Freude machen kann." Er hatte erwartet, daß das Körbchen zwei *Pesos* kosten würde.

Als ihm das klar wurde, dachte er sofort an Geschäfte.

Er fragte: „Wenn ich Ihnen nur zehn dieser Körbchen abkaufe, was kostet dann das Stück?"

Der Indianer dachte einige Zeit lang nach und sagte: „Dann kostet das Stück fünfundvierzig Centavos."

„All right, muy bien, und wenn ich hundert kaufe, wieviel kostet dann das Stück?"

Der Indianer rechnete wieder einige Zeit lang. „Dann kostet das Stück vierzig Centavos."

Der Amerikaner kaufte vierzehn Körbchen. Das war alles, was der Indianer an Körbchen in seiner Hütte hatte.

Als der Amerikaner nun glaubte, Mexiko gesehen zu haben und alles und jedes zu wissen, was man über Mexiko und die Mexikaner wissen muß, reiste er zurück nach New York. Und als er wieder mitten drin war in seinen Geschäften, dachte er an die Körbchen.

Er ging zu einem Schokoladen*händler* und sagte zu ihm: „Ich kann Ihnen hier ein Körbchen anbieten, das sich als sehr schöne und einmalige *Geschenkpackung* für feine Schokoladen verwenden läßt."

Der Schokoladenhändler sah sich das Körbchen genau an. Er schien von diesen Dingen etwas zu verstehen. Er rief seinen Mitarbeiter herbei und endlich auch noch seinen Manager. Sie diskutierten die Sache, und dann sagte der Händler: „Ich werde Ihnen morgen den Preis sagen, den ich zu zahlen gewillt bin. Oder wieviel verlangen Sie?"

„Ich habe Ihnen schon gesagt, daß es nur auf Ihr Angebot ankommt, ob Sie die Körbchen erhalten. Ich verkaufe diese Körbchen nur an das Haus, das am meisten dafür bietet."

Am nächsten Tag kam der Mexikokenner wieder zu jenem Händler: „Ich kann für das Körbchen, mit den feinsten Pralinés drin, vier, vielleicht gar fünf Dollar bekommen. Es ist die schönste Geschenkpackung, die wir dem Markte anbieten können. Ich zahle Ihnen zwei und einen halben Dollar das Stück, Hafen New York, Zoll und *Fracht* zu meinen *Lasten*, *Verpackung* zu Ihren Lasten."

Der Mexikoreisende rechnete nach. Der Indianer hatte ihm - wenn er hundert Körbchen kaufte - das Stück für vierzig Centavos angeboten, das waren zwanzig Cents. Er verkaufte das Stück für zwei und einen halben Dollar. Dadurch verdiente er am Stück zwei Dollar dreißig Cents oder ungefähr zwölfhundert Prozent. „Ich denke, ich kann es für diesen Preis tun", sagte er.

Worauf der Händler ihm antwortete: „Aber unter einer wichtigen Bedingung. Sie müssen mir wenigstens zehntausend Stück dieser Körbchen liefern können. Weniger hat für mich gar keinen Wert, weil sich sonst die Reklame nicht bezahlt, die ich für diese neuen Körbchen machen muß. Und ohne Reklame kann ich den Preis nicht herausholen."

„Abgemacht", sagte der Mexikokenner. Er hatte etwa vierundzwanzigtausend Dollar verdient, von welcher Summe nur die Reise und der *Transport* bis zur nächsten Bahnstation bezahlt werden mußte.

Er reiste sofort zurück nach Mexiko und besuchte den Indianer. „Ich habe ein großes Geschäft für Sie", sagte er. „Könnten Sie zehntausend dieser Körbchen herstellen?"

„Ja, das kann ich gut. Soviel, wie Sie haben wollen. Es dauert eine Zeit. Der Bast muß vorsichtig behandelt werden, das kostet Zeit. Aber ich kann so viele Körbchen machen, wie Sie wollen."

Der Amerikaner hatte erwartet, daß der Indianer, als er von dem großen Geschäft hörte, halb verrückt werden würde, etwa wie ein amerikanischer Automobilhändler, der mit einem Mal fünfzig Dodge Brothers verkauft. Aber der Indianer regte sich nicht auf. Er sah nicht einmal hoch von seiner Arbeit. Er flocht ruhig weiter an dem Körbchen, das er gerade in den Händen hatte.

Es wären vielleicht noch fünfhundert Dollar extra zu verdienen, womit die Reisekosten hätten bezahlt werden können, dachte der Amerikaner. Denn bei einem so großen Auftrag konnte der Preis für das einzelne Körbchen sicher noch ein wenig heruntergedrückt werden.

„Sie haben mir gesagt, daß Sie mir die Körbchen das Stück

für vierzig Centavos verkaufen können, wenn ich hundert Stück bestelle", sagte er nun.

„Ja, das habe ich gesagt", bestätigte der Indianer. „Was ich gesagt habe, dabei bleibt es."

„Gut dann", redete der Amerikaner weiter, „aber Sie haben mir nicht gesagt, wieviel ein Körbchen kostet, wenn ich tausend Stück bestelle."

„Sie haben mich nicht danach gefragt, Señor."

„Das ist richtig. Aber ich möchte Sie jetzt um den Preis für das Stück fragen, wenn ich tausend Stück bestelle und wenn ich zehntausend Stück bestelle."

Der Indianer unterbrach jetzt seine Arbeit, um nachrechnen zu können. Dann sagte er: „Das ist zu viel, das kann ich so schnell nicht ausrechnen. Das muß ich mir erst gut überlegen. Ich werde darüber schlafen und es Ihnen morgen sagen."

Der Amerikaner kam am nächsten Morgen zum Indianer, um den neuen Preis zu hören.

„Haben Sie den Preis für tausend und für zehntausend Stück ausgerechnet?"

„Ja, das habe ich, Señor. Und ich habe mir viel Mühe und Sorge gemacht, das gut und genau auszurechnen, um nicht zu betrügen. Der Preis ist ganz genau ausgerechnet. Wenn ich tausend Stück machen soll, dann kostet das Stück zwei Pesos, und wenn ich zehntausend Stück machen soll, dann kostet das Stück vier Pesos."

Der Amerikaner war sicher, nicht richtig verstanden zu haben. Vielleicht war sein schlechtes Spanisch daran schuld.

Um das richtigzustellen, fragte er: „Zwei Pesos für das Stück bei tausend und vier Pesos das Stück bei zehntausend? Aber Sie haben mir doch gesagt, daß bei hundert das Stück vierzig Centavos kostet?

„Das ist auch die Wahrheit. Ich verkaufe Ihnen hundert das Stück für vierzig Centavos."

Der Indianer blieb sehr ruhig, denn er hatte sich das alles ausgerechnet, und es lag kein Grund vor zu streiten. „Señor, Sie müssen das doch selbst sehen, daß ich bei tausend Stück viel mehr Arbeit habe als mit hundert, und mit zehntausend habe ich noch viel mehr Arbeit als mit tausend. Das ist sicher jedem vernünftigen Menschen klar. Ich brauche für tausend viel mehr Bast, habe viel länger nach den Farben zu suchen und sie auszukochen. Der Bast liegt nicht gleich so fertig da. Der muß gut und sorgfältig getrocknet werden. Und wenn ich so viele tausend Körbchen machen soll, was wird dann aus meinem Maisfeld und aus meinem Vieh? Und dann müssen mir meine Söhne, meine Brüder und meine Neffen und Onkel helfen beim Flechten. Was wird denn da aus deren Maisfeldern und aus deren Vieh? Das wird dann alles sehr teuer. Ich habe sicher gedacht, Ihnen zu helfen und so billig wie möglich zu sein. Aber das ist mein letztes Wort, Señor, verdad, ultima palabra,* zwei Pesos das Stück bei tausend und vier Pesos das Stück bei zehntausend."

Der Amerikaner redete und handelte mit dem Indianer den halben Tag, um ihm klarzumachen, daß hier falsch gerechnet wurde. Er schrieb ein neues *Notizbuch* voll, um an Zahlen zu beweisen, wie der Indianer für sich ein *Vermögen* verdienen könne, bei einem Preis von vierzig Centavos für das Stück, und wie man *Unkosten* und Materialkosten und Löhne auch davon bezahlen könne.

Der Indianer sah sich die Zahlen genau an, und er wunderte sich, wie schnell der Amerikaner die Zahlen niederschreiben und ausrechnen konnte. Aber im Grunde machte

---

*(spanisch): wirklich, mein letztes Wort

es wenig Eindruck auf ihn, weil er Zahlen und *Buchstaben* nicht lesen konnte. Und aus der klugen, *volkswirtschaftlich* sehr wichtigen Erklärung des Amerikaners zog er keinen anderen Vorteil als den, daß er lernte, daß ein Amerikaner stundenlang reden kann, ohne etwas zu sagen.

Als der Amerikaner dann endlich erkannte, daß er den Indianer von seinen Rechenfehlern überzeugt hatte, klopfte er ihm auf die Schulter und fragte: „Also, mein guter Freund, wie steht nun der Preis?"

„Zwei Pesos das Stück für tausend und vier Pesos das Stück für zehntausend."

Der Indianer setzte sich hin und sagte weiter: „Ich muß jetzt aber doch wieder an meine Arbeit gehen, entschuldigen Sie mich, Señor."

Der Amerikaner reiste ärgerlich zurück nach New York, und alles, was er zu dem Schokoladenhändler sagen konnte, um aus seinem Vertrag zu kommen, war: „Mit Mexikanern kann man kein gutes Geschäft machen, für diese Leute ist keine Hoffnung."

So wurde New York davor gerettet, von Tausenden dieser hübschen kleinen Kunstwerke *überschwemmt* zu werden. Und so wurde es möglich, zu verhindern, daß diese wunderbaren Körbchen – in die ein indianischer Landsmann das Singen der Vögel, die um ihn waren, die Farben der Blumen, die er täglich in der Natur sah, und die nicht gesungenen Lieder, die in seiner *Seele* waren, hineinzuflechten gewußt hatte – *zerdrückt* und kaputt getreten in den *Mülltonnen* in der Park Avenue gefunden wurden, weil sie keinen Wert mehr hatten, nachdem die Pralinés herausgegessen waren.

Mülltonne

A Zum Verständnis des Textes

Kreuzen Sie die richtigen Aussagen an:

1. Womit verdiente sich der indianische Klein-Landwirt noch etwas Geld hinzu? – Er
   a) arbeitete auf dem Maisfeld.
   b) stellte kleine Körbchen her.
   c) zeigte Amerikanern das Land.

2. Woraus gewann der Indianer die Farben? – Aus
   a) Bast und Hölzern.
   b) Blumen.
   c) Pflanzen und Hölzern.

3. Was machte der Indianer mit den Körbchen? – Er
   a) legte schöne Sachen, wie z. B. Ringe hinein.
   b) nahm sie mit als Geschenke für die Leute in der Stadt.
   c) verkaufte sie auf dem Markt.

4. Was war der billigste Preis für so ein Körbchen?
   a) 15 Centavos.
   b) 25 Centavos.
   c) 35 Centavos.
   d) 50 Centavos.

5. Sind auch manchmal Körbchen übrig geblieben?
   a) Ja.
   b) Nein.

6. Sieht jedes Körbchen genauso wie das andere aus?
   a) Ja.
   b) Nein.

7. Was passierte, wenn der Indianer nicht alle Körbchen verkauft hatte? – Er
   a) fuhr schnell nach Hause.
   b) ging mit dem Rest der Körbchen von Laden zu Laden.
   c) ging mit dem Rest der Körbchen zu anderen Künstlern.
   d) schickte den Rest der Körbchen nach Paris oder Wien.

8. Was halten die meisten Amerikaner von dieser Art Volkskunst? – Sie
   a) achten die Kunst und finden sie schön.
   b) sehen die Schönheit dieser Kunst nicht.
   c) werfen diese Dinge weg.

9. Woran dachte der Amerikaner sofort, als er das Körbchen kaufte? – An
   a) die Volkskunst, die in seinem Land fehlt.
   b) ein Geschenk.
   c) einen Freund.
   d) Geschäfte.

10. Wieviel würden den Amerikaner ein Körbchen kosten, wenn er hundert kaufte?
   a) 10 Centavos.
   b) 40 Centavos.
   c) 45 Centavos.
   d) 50 Centavos.

11. Was wollte der Amerikaner mit den Körbchen in Amerika machen? – Er wollte sie
   a) einem Mitarbeiter anbieten.
   b) einem Schokoladenhändler anbieten.
   c) selbst als Geschenkpackungen benutzen.

12. Gefiel dem Schokoladenhändler das Körbchen?
   a) Ja.
   b) Nein.

13. Wer sollte Zoll und Fracht für die Körbchen zahlen? – Der
   a) Manager.
   b) Mexikokenner.
   c) Mitarbeiter.
   d) Schokoladenhändler.

14. Wieviel, meinte der Mexikokenner, könnte er an einem Körbchen verdienen?
   a) 30 Cents.
   b) 50 Cents.
   c) 2.30 Dollar.
   d) 2.50 Dollar.

15. Warum wollte der Händler nicht weniger als 10.000 Stück kaufen?
    a) Der Markt wollte so viele Körbchen.
    b) Der Transport würde zu teuer.
    c) Er mußte so viel für die Verpackung zahlen.
    d) Er mußte so viel für Reklame zahlen.

16. Was tat der Mexikokenner, nachdem er mit dem Händler gesprochen hatte? – Er
    a) bezahlte den Transport bis zur nächsten Bahnstation.
    b) fuhr nach Mexiko.
    c) ging ins Automobilgeschäft.

17. Wie war die Reaktion des Indianers, als der Mexikokenner 10.000 Körbchen bei ihm bestellen wollte? – Er
    a) blieb ganz ruhig.
    b) regte sich sehr auf.
    c) sprang froh von seinem Arbeitsplatz hoch.
    d) wurde halb verrückt.

18. Sind die Körbchen für den Mexikokenner billiger, wenn er tausend oder gar zehntausend bestellt?
    a) Ja.
    b) Nein.

19. Warum nimmt der Indianer bei 1000 oder 10000 Stück einen höheren Preis pro Körbchen als bei 100 Stück? – Er
    a) braucht mehr Zeit und Material.
    b) braucht mehr Vieh für die Felder.
    c) muß seinen Söhnen, Brüdern, Neffen und seinem Onkel helfen.

20. Kann der Mexikokenner den Indianer verstehen?
   a) Ja.
   b) Nein.

21. Was lernte der Indianer von dem Mexikokenner? – Er lernte,
   a) Buchstaben und Zahlen lesen.
   b) daß ein Amerikaner viel redet, aber nichts sagt.
   c) daß es sehr wichtig und interessant ist, was ein Amerikaner sagt.
   d) volkswirtschaftlich zu denken.

22. Was tat der Amerikaner am Ende? – Er
   a) half dem Indianer bei der Arbeit.
   b) machte mit dem Indianer einen guten Preis aus.
   c) reiste ärgerlich nach New York zurück.

23. Was wäre wahrscheinlich mit den Körbchen in Amerika passiert? – Sie wären
   a) alle in der Park Avenue verkauft worden.
   b) als wertvolle Kunstwerke verkauft worden.
   c) in den Mülltonnen gelandet.

B Wählen Sie die richtige Form der eingeklammerten Wörter:

a) Diese Körbchen wurden aus Bast (flechten). b) Woraus hat der Indianer die verschiedenen Farben (gewinnen)? c) Er glaubte, Mexiko zu (kennen) und alles (sehen) zu (haben). d) Von dieser Summe mußte nur die Reise und der Transport bis zur nächsten Bahnstation (bezahlen) werden. e) Wo (sein) du her? f) Das habe ich Ihnen doch schon (sagen). g) Er hatte den Indianer nicht (überzeugen). h) Er ist ärgerlich nach New York (zurückfahren).

C Bilden Sie Sätze nach folgendem Muster:

> ihr/reden – das kleine indianische Dorf
> Worüber habt ihr geredet? – Über das kleine indianische Dorf.

a) ihr/euch/streiten – der Preis der hübschen kleinen Körbchen   b) sie/sprechen – die deutschen Kolonisten in Blumenau   c) ihr/diskutieren – die harte Arbeit der Menschen am Itajahy   d) du/nachdenken – der Transport der 1000 Körbchen   e) ihr/lachen – das lustige Volkslied

D Was meinen Sie dazu?

1. Finden Sie, daß der „Mexikokenner" in der Erzählung ein typischer Amerikaner ist? Begründen Sie Ihre Antwort.
2. Was halten Sie von Klischeevorstellungen? Stimmen die Vorurteile, die es oft gegenüber anderen Nationalitäten gibt? Was ist z.B. ein typischer Amerikaner, Deutscher, Mexikaner oder Franzose?

3. Glauben Sie, daß es gut für den Indianer und seine Familie war, daß er die vielen Körbchen nicht an den Amerikaner verkauft hat – oder hätte er sie lieber doch an ihn verkaufen sollen?

Wörterverzeichnis

A **achten** (achtete - hat geachtet)
Er achtete sie.
der **Ast** *(Mehrzahl:)* die Äste

Äste

B der **Bach** *(Mehrzahl:)* die Bäche
die **Bahnstation**
(Mehrzahl:) die Bahnstationen
der **Bär** *(Mehrzahl:)* die Bären

Die Körbe waren aus **Bast** hergestellt.

der **Besitzer** – die **Besitzerin**
(Mehrzahl:) die Besitzer –
die Besitzerinnen
Er ist der Besitzer der Sägemühle.
das **Blockhaus**
(Mehrzahl:) die Blockhäuser
die **Bohne**
(Mehrzahl:) die Bohnen

mein **botanischer** Freund

brach

Er hielt viel von ihnen.
stärkerer, dicker Zweig eines Baumes
(siehe:) Ast

sehr kleiner Fluß
Ort, an dem der Zug hält: *An welcher Station steigst du aus?*
großes Raubtier, das Pflanzen und Tiere frißt: *In Deutschland gibt es schon lange keine Bären mehr.*
Bast = dünne, lange feine Gebilde, die aus Pflanzen hergestellt werden und aus denen Taschen und Körbe gemacht werden können

Die Sägemühle gehört ihm.

das Holzhaus

Pflanze, die als Gemüse gegessen wird: *Sie essen Bohnen mit Speck.*
(etwa:) mein Freund, der sich wissenschaftlich mit Pflanzen beschäftigt
(siehe:) brechen

brechen (bricht – brach –
  hat gebrochen)
  … bis ich fast in die Knie
  brach.

Der Bär läßt ein **Brummen**
  hören.

der **Buchstabe**
  (Mehrzahl:) die Buchstaben

Centavo *(Mehrzahl:)* Centavos

D Er spricht süddeutschen
  Dialekt.

E **einsam**
  die Gegend war einsam.

  der **Einwanderer**
  (Mehrzahl:) die Einwanderer

  Er ist **Emigrant**.

  empfehlen (empfiehlt –
  empfahl – hat empfohlen)
  Diese Methode kann ich
  Ihnen nur empfehlen.
  Er war ein **erfahrener** Mann.

  Ich war **erfüllt** von einem
  Gefühl des Achtens.

F **fangen** (fängt – fing –
  hat gefangen)
  Sie fangen täglich ihre Fischmahlzeit.

(etwa:) … bis ich fast auf den
  Boden fiel.
Die langgezogene tiefe Stimme
  des Bären ist zu hören.
Zeichen einer Schrift: *Das Wort
  „alt" hat drei Buchstaben.*

mexikanisches Geld
  (siehe:) Peso

Er spricht die Sprache, die in
  Süddeutschland gesprochen
  wird.

völlig allein
  Es gab kaum einen
  Menschen in dieser Gegend.
jemand, der in ein anderes
  Land einwandert oder ein-
  gewandert ist
Er hat sein Land verlassen, weil
  er dort (aus politischen oder
  sonstigen Gründen) nicht
  mehr leben wollte.

Ich kann Ihnen nur raten, diese
  Methode auszuprobieren.
Er hatte schon viel gesehen und
  erlebt.
Ich hatte eine sehr hohe
  Meinung von ihnen.

Sie holen sich täglich Fische aus
  dem Wasser, um sie zu essen.

färben (färbte – hat gefärbt)
Sie hatten die Körbchen rot gefärbt.

der **Fels** über dem Fluß

fischen (fischte – hat gefischt)
Wir gingen fischen.

flechten (flocht – hat geflochten)
Sie haben einen hübschen Korb geflochten.

flocht
Die **Fracht** geht zu meinen Lasten.

Der Ort macht einen **friedlichen** Eindruck.

G der **Gärtner** – die **Gärtnerin** *(Mehrzahl:)* die Gärtner – die Gärtnerinnen
gefärbt
geflochten
Er war **gelangweilt**.

eine **Geschenkpackung** für Schokolade

Der **Gestank** war furchtbar.
Es war ihm **gleichgültig**.
der **Großindustrielle** – ein Großindustrieller *(Mehrzahl:)* die Großindustriellen – Großindustrielle

Farbe auf etwas auftragen
Sie hatten die Körbchen rot gemacht.

die große Fläche aus hartem Stein über dem Fluß

Wir gingen zum Wasser, um Fische herauszuholen (*oder:* zu fangen).

Sie haben die langen dünnen Bastfäden dicht ineinandergelegt und einen hübschen Korb gemacht.
(siehe:) flechten
Den Transport (= [*hier:*] das Hinbringen der Ware auf dem Schiff) zahle ich.

Der Ort macht einen stillen und ruhigen Eindruck.

jemand, dessen Beruf es ist, Pflanzen zu ziehen und sie zu verkaufen
(siehe:) färben
(siehe:) flechten
Es war langweilig für ihn.
(*siehe:* langweilen)
eine besonders hübsche Verpackung, in die man die Schokolade legt, die als Geschenk gedacht ist
(abwertend:) Es roch schrecklich.
Es war ihm egal.
jemand, der eine große Fabrik oder mehrere Fabriken besitzt

der **Güterbahnhof** *(Mehrzahl:)* die Güterbahnhöfe	Bahnhof für Güter, d. h. Dinge wie Maschinen usw., aber nicht für Menschen
H der **Händler** *(Mehrzahl:)* die Händler	jemand, der mit etwas handelt
Er ist Schokoladenhändler.	Er handelt mit Schokolade.
Sie hatte **Heimweh** nach ihrer Heimat.	Sie dachte traurig an ihre Heimat, in die sie gerne zurückgehen würde.
Die Moskitos machen das Leben hier zur **Hölle**.	Durch die Moskitos ist das Leben hier ganz furchtbar. (Hölle = Ort, an dem der Teufel wohnt; *Gegensatz:* Himmel)
Er gewann die Farben aus Pflanzen und **Hölzern**.	Er gewann die Farben aus Pflanzen und aus dem Holz verschiedener Bäume.
die **Hütte** *(Mehrzahl:)* die Hütten	kleines einfaches Haus, meist aus Holz, das man oft in den Bergen findet.
I der **Indianer** – die **Indianerin** *(Mehrzahl:)* die Indianer – die Indianerinnen	die Ureinwohner Nord-, Mittel- und Südamerikas und West-Indiens
ein kleines **indianisches** Dorf	ein kleines Dorf, in dem Indianer leben
K Blumenaus **Kolonialprogramm**	das Programm, nach dem die Deutschen Blumenau aufbauen wollten
die deutsche **Kolonie** in Blumenau	die Deutschen, die in Blumenau leben
die deutschen **Kolonisten** in Blumenau	die Deutschen, die nach Brasilien ausgewandert sind und in Blumenau leben
der **Kontinent** *(Mehrzahl:)* die Kontinente	großes Stück Land, das zusammengehört; Erdteil
der nordamerikanische Kontintent	Nordamerika

das **Körbchen** *(Mehrzahl:)* die Körbchen	kleiner Korb (= Behälter), in den man 1. Dinge hineinlegen kann und 2. etwas transportieren kann: *Sie legten die Äpfel in den Korb.*
der **Kriegsgefangene** *(Mehrzahl:)* die Kriegsgefangenen – Kriegsgefangene	Soldat, der im Krieg vom Feind gefangengenommen wird und irgendwo festgehalten wird
Er konnte den Bast **künstlerisch** flechten.	Er konnte den Bast so gut wie ein Künstler flechten.

L das **Lager** *(Mehrzahl:)* die Lager — *(hier:)* Unterkunft oder Platz für Arbeiter, wo sie schlafen und essen

der **Landwirt** – die **Landwirtin** *(Mehrzahl:)* die Landwirte – die Landwirtinnen — jemand in der Landwirtschaft, der Felder hat und Tiere hält

langweilen (langweilte – hat gelangweilt)
Er langweilte sich. — Es war langweilig für ihn.
Die Fracht geht zu meinen **Lasten**. — Die Fracht zahle ich.

M der **Mais** — Pflanze, die bis ca. 2 m hoch wird und in fast allen wärmeren Gegenden wächst und gegessen wird

die **Massenindustrie** *(Mehrzahl:)* die Massenindustrien — Industrie, die Waren und Artikel in großen Mengen herstellt und verkauft

der **Moskito** *(Mehrzahl:)* die Moskitos — Stechmücke; kleines Tier, das fliegt und in die Haut sticht; durch manche Moskitos bekommt der Mensch Malaria.

die **Mülltone** *(Mehrzahl:)* die Mülltonnen — größerer Behälter, der vor dem Haus steht und in den man den Müll wirft (Müll = alte und kaputte Sachen, die nicht mehr gebraucht werden):

Jeden Montag werden bei uns die Mülltonnen geleert (= leer gemacht).

N das **Notizbuch**
  (Mehrzahl:) die Notizbücher

kleines Buch, in das man sich kurz Dinge schreibt, die wichtig sind

P der **Palmenstamm** *(Mehrzahl:)* die Palmenstämme

der Stamm (= dicker, runder langer Teil) einer Palme (Palme = tropischer Baum, der in südlichen Ländern wächst)

der **Pastor** – die **Pastorin**
  (Mehrzahl:) die Pastoren – die Pastorinnen

protestantischer Geistlicher; der Pfarrer in der Kirche

der **Pelzjäger**
  (Mehrzahl:) die Pelzjäger

jemand, der Pelztiere wie z. B. Bären wegen ihres schönen Fells fängt, das er dann verkauft

Peso *(Mehrzahl:)* Pesos

mexikanisches Geld; 1 Peso = 100 Centavos = 0,05 DM

der **Pfannkuchen**
  (Mehrzahl:) die Pfannkuchen

kleine Kuchen aus Eiern, Mehl und Zucker, die in der Pfanne gebraten werden

der **Pferdesattel**
  (Mehrzahl:) die Pferdesättel

Sitz aus Leder, in dem jemand oben auf dem Pferd sitzt

R **riesig**
  Der Mann war riesig.
  Ich freue mich riesig.
  die **Romantik** des Urwalds

sehr, sehr groß
  Der Mann war sehr groß.
  Ich freue mich sehr.
  (etwa:) das sehr starke und herrliche Gefühl, das man hat, wenn man an die schönen Seiten des Urwalds denkt und nicht an die Gefahren, die in ihm liegen

S das **Sägewerk**

Betrieb, in dem Baumstämme

(Mehrzahl:) die Sägewerke	(= das Holz der Bäume) zerschnitten werden
der (gebratene) **Schinken** *(Mehrzahl:)* die Schinken	(gebratenes) Fleisch, meist vom Schwein (= Haustier, dessen Fleisch sehr viel in Deutschland gegessen wird)
die **Schönheit** der Körbchen	die Körbchen sehen sehr schön aus
schreien (schrie – hat geschrie[e]n	sehr laut rufen oder sprechen
die **Schulter**	Teil beim Menschen zwischen Hals und Arm: *Er schlug ihm auf die Schulter.*
die Lieder, die in seiner **Seele** waren	die Lieder, die fest in seinem Herzen waren (Seele = im religiösen Sinne der Teil im Innern des Menschen, der nicht stirbt)
Er verdiente sich täglich vier **Silbergroschen**.	Silbergroschen = Geldmünzen, die die Leute früher benutzten
der **Speck**	Fett vom Schwein (= Haustier, dessen Fleisch sehr viel in Deutschland gegessen wird): *Sie aßen viel Speck zu den Bohnen.*
der **Stamm** *(Mehrzahl:)* die Stämme	dicker, runder oft langer Teil des Baumes zwischen Wurzeln und Zweigen, von dem die Äste ausgehen
Stämme	*(siehe:)* Stamm

T

der **Tagelöhner** *(Mehrzahl:)* die Tagelöhner	Arbeiter, der für einen Tag eingestellt wird und täglich sein Geld bekommt
der **Transport** der Waren nach Mexiko	die Waren nach Mexiko schicken oder bringen
der **Traum** *(Mehrzahl:)* die Träume	1. Bilder, die Menschen im Schlaf haben: *Ich hatte heute nacht einen schrecklichen*

	Traum. 2. sehnlicher, uner-
	füllter Wunsch: *Er hat den*
	Traum, ein Filmstar zu werden.
das **Truthuhn**	größerer Vogel, der als Haustier
(Mehrzahl:) die Truthühner	gehalten wird und dessen
	Fleisch gerne gegessen wird
Truthühner	*(siehe:)* Truthuhn
Sie hatte **Typhus**.	Typhus = schwere Infektions-
	krankheit, die Fieber und
	rote Flecken verursacht und
	dem Körper große Schwierig-
	keiten auch mit dem Essen
	macht

U **überschwemmen** (überschwemmte –
  hat überschwemmt)
  Jetzt wird New York nicht
  mit den kleinen Kunst-
  werken überschwemmt.

  überschwemmt
  die **Überschwemmung** des
  Flusses

  umgehen (ging um –
  ist umgegangen)
  Wie geht man mit einem
  Bären um?
  umgeht
  Er hatte viele **Unkosten**.

  Er hat **Unterstützung** bei ihnen
  gefunden.
  Die Körbchen waren **unver-
  gleichlich** schön.

  der **Urwald**
  (Mehrzahl:) die Urwälder

(etwa:) Jetzt werden die kleinen
  Kunstwerke nicht an jeder
  Straßenecke in New York zu
  kaufen sein.
(siehe:) überschwemmen
der Fluß ist über seine Ufer
  getreten, und das ganze Land
  daneben ist unter Wasser
auf bestimmte Art behandeln

  Wie behandelt man einen
  Bären?
(siehe:) umgehen
Er hatte viele Kosten zu tragen,
  die er vorher nicht eingeplant
  hatte.
Sie haben ihm geholfen.

Es gab keine schöneren Körbchen, mit denen man sie ver-
  gleichen konnte.
großer dichter Wald, in dem
  wilde Tiere sind, in dem die

	Pflanzen und Bäume ganz natürlich wild wachsen, in dem keine Menschen sind
der **Verlag** *(Mehrzahl:)* die Verlage	ein Verlag veröffentlicht z. B. Bücher, die man dann in den Buchgeschäften kaufen kann
Er hat sich ein **Vermögen** verdient.	Er hat sehr viel Geld verdient.
die **Verpackung**	Behälter, z. B. eine Kiste oder ein Kasten, in den die Ware verpackt wird, um z. B. verschickt zu werden.
versanken	*(siehe:)* versinken
versinken (versank – ist versunken)	
Ich war ganz in Gedanken versunken.	Ich dachte an etwas und vergaß dabei alles um mich herum.
Wir versanken bald in den tiefen Löchern.	Die Löcher waren so tief, daß wir kaum noch herauskamen.
versunken	*(siehe:)* versinken
vielfarbig	mit vielen Farben
die **volkswirtschaftlich** sehr wichtigen Fragen	die Fragen, die für die Wirtschaft eines Landes sehr wichtig sind
vorgetragen	*(siehe:)* vortragen
vortragen (trägt vor – trug vor – hat vorgetragen)	
meine mit viel Worten vorgetragenen Ideen	meine Ideen, die ich mit vielen Worten klargemacht habe
ein **Weideplatz** für Tiere	eine große Wiese, auf der die Tiere sind und Gras fressen
die **Weizenprovinz** Alberta	die Provinz Alberta in Kanada, in der Weizen angebaut wird (Kanada ist in einzelne Landteile = Provinzen eingeteilt) (Weizen = Pflanze, aus deren Körnern Mehl gemacht wird)

wild
　　Ein wilder Lärm machte mich wach.　　Ich wurde wach, weil es so laut war.
　　Die Gegend wurde wilder.　　Es gab mehr Landschaft mit vielen Pflanzen und Bäumen ohne Menschen.

die **Wildnis**　　Land oder Gegend, wo nur Bäume, Tiere und Pflanzen sind, keine Häuser, Straßen oder Menschen

Z der **Zeitungsreporter** – die **Zeitungsreporterin** *(Mehrzahl:)* die Zeitungsreporter – die Zeitungsreporterinnen　　jemand, der Artikel oder Berichte für eine Zeitung schreibt

zerdrücken (zerdrückte – hat zerdrückt)
　　Die Körbchen wurden zerdrückt.　　Die Körbchen wurden so gedrückt, daß sie kaputt gingen.
zerdrückt　　*(siehe:)* zerdrücken
ihre **Zuckerrohrpflanzung**　　sie hatten Zuckerrohr (= Pflanze, aus der Zucker gewonnen wird) angebaut

der **Zweig**　　lange, dünne Arme eines Baumes, an dem die Blätter hängen
　　(Mehrzahl:) die Zweige

Schlüssel zu den Übungen

Der Busch

A 1a – 2b – 3d – 4b – 5a – 6a – 7c – 8a – 9d – 10a – 11c – 12b – 13b – 14d – 15c – 16a – 17b – 18c – 19d – 20b
B a) an b) Um c) nach d) um e) Um f) aus g) aus h) an i) am j) An k) Am
C a) wanderte ... aus b) drehte ... um ... lief ... weg c) gab ... aus d) stieg ... aus e) schlief ... ein f) fuhr ... los

Bei den deutschen Kolonisten in Blumenau

A 1c – 2d – 3b – 4c – 5b – 6c – 7a – 8b – 9a – 10a – 11a – 12c – 13c
B a) Wollten Sie nicht eigentlich eine Eigentumswohnung kaufen? b) Wollte er nicht eigentlich Englisch lernen? c) Wollten sie nicht eigentlich nach Rio de Janeiro ziehen? d) Wolltet ihr nicht eigentlich mit dem Auto durch die Schweiz fahren? e) Wollte sie nicht eigentlich Ingenieurin werden?
C a) von b) für ... an c) An d) an e) Von f) an g) Für h) für i) von

Der Großindustrielle

A 1b – 2c – 3c – 4b – 5a – 6b – 7b – 8a – 9d – 10b – 11b – 12a – 13d – 14c – 15d – 16b – 17a – 18b – 19a – 20b – 21b – 22c – 23c
B a) geflochten b) gewonnen c) kennen ... gesehen ... haben d) bezahlt e) bist f) gesagt g) überzeugt h) zurückgefahren

C a) Worüber habt ihr euch gestritten? – Über den Preis der hübschen kleinen Körbchen. b) Worüber haben sie gesprochen? – Über die deutschen Kolonisten in Blumenau. c) Worüber habt ihr diskutiert? – Über die harte Arbeit der Menschen am Itajahy. d) Worüber hast du nachgedacht? – Über den Transport der 1000 Körbchen. e) Worüber habt ihr gelacht? – Über das lustige Volkslied.

Kurzbiographien der Autoren

Robert Avé-Lallement war Arzt und Brasilienforscher. Er wurde 1812 in Lübeck geboren und ist dort 1884 gestorben. Er studierte Medizin in Berlin, Heidelberg, Paris und Kiel und war von 1837 bis 1855 Arzt in Rio de Janeiro.
Er wurde auf Alexander von Humboldts (deutscher Naturforscher, 1769–1859) Empfehlung Mitglied der österreichischen Novara-Expedition und besuchte 1858 und 1859 Süd- und Nordbrasilien.
1859 ließ er sich als Arzt in Lübeck nieder. Er hat mehrere Reisebücher geschrieben: z.B. „Reise durch Südbrasilien", „Reise durch Nordbrasilien", „Fata Morgana" (Reiseeindrücke aus Italien und Ägypten), „Wanderungen durch Paris" und „Wanderungen durch die Pflanzenwelt der Tropen".

A. E. Johann (Pseudonym für Alfred Ernst Wollenschläger) ist Reiseschriftsteller und Erzähler. Er wurde 1901 in Bromberg geboren. Er machte in Berlin eine Banklehre und studierte – auch in Berlin – Theologie, Geographie und Soziologie. Er machte mehrere Reisen durch die ganze Welt und arbeitete als Auslandskorrespondent und Chefredakteur.
Er hat sehr viele Bücher geschrieben: z.B. „Große Weltreise", „Wo ich die Erde am schönsten fand", „Afrika gestern und heute", „Schneesturm", „Steppenwind", „Am Ende ein Anfang" und „Bis ans Ende der Ewigkeit. Liebesgeschichten aus aller Welt".

Um **B. Traven** lag Zeit seines Lebens immer ein Geheimnis, und er hat es selbst auch nie preisgegeben. Sein amtlicher

Name war Bernhard Traven Torsvan, alias Hal Croves; er starb 1969 in Mexico City. Man glaubt heute, daß er der deutsche Schauspieler und revolutionäre Schriftsteller Ret Marut (= Pseudonym) war. Er hat lange in Mexico gelebt und auch die mexikanische Staatsbürgerschaft angenommen. Sein Leben war sehr abenteuerlich: Er war Seemann, Baumwollpflücker, Medizinmann bei den mexikanischen Indianern, Farmer, Bäcker, Lehrer, Goldgräber, Forschungsreisender.

Meist beschrieb er abenteuerliche menschliche Schicksale, kämpfte für die armen unterdrückten und ausgebeuteten Menschen und klagte die sozialen Mißstände an.

Er hat viele spannende und sozialkritische Bücher geschrieben; z.B. „Das Totenschiff", „Die Baumwollpflücker", „Der Schatz der Sierra Madre", „Ein General kommt aus dem Dschungel".

Quellenverzeichnis

Wir danken den folgenden Personen und Verlagen, daß sie uns den Nachdruck ihrer Texte in der vorliegenden Form gestattet haben:

Der Busch (entnommen aus: Mit 20 Dollar; Der kanadische Westen vor 50 Jahren, Wilhelm Heyne Verlag, München): A. E. Johann; © A. E. J. Wollschläger, Dedelstorf.

Bei den deutschen Kolonisten in Blumenau (entnommen aus: Vom Rio Grande zum La Plata; Deutsche Reiseberichte des 19. Jahrhunderts aus dem südlichen Amerika, Horst Erdmann Verlag: Hans Joachim Wulschner): Robert Avé-Lallement; © K. Thienemanns Verlag, Stuttgart.

Der Großindustrielle (entnommen aus: Abenteuergeschichten, Diogenes Verlag AG, Zürich): B. Traven; © Stiftung Studienbibliothek zur Geschichte der Arbeiterbewegung, Zürich, Schweiz.

Die LESETEXTE DEUTSCH sind Teil von Huebers Fertigkeitsprogramm für Deutsch als Fremdsprache

Barbara Šubik / Helen Kurdynovsky
Deutsch sprechen im Alltag
Ein Kommunikationskurs
168 Seiten, mit Fotos und Zeichnungen, kt. Hueber-Nr. 1351
Dazu sind lieferbar: 1 Compact-Cassette mit der Aufnahme der Dialoge (A-Teile) des Buches – 3 Compact-Cassetten mit der Aufnahme der Übungen (B- und C-Teile des Buches) – 49 Arbeitstransparente (Zeichnungen des Buches) und 2 Textblätter.

Helga Hillmer / Gaynor Ramsey
Was sagen Sie dazu?
Alltagsthemen im Gespräch
96 Seiten, mit Fotos und Zeichnungen, kt. Hueber-Nr. 1354

Eberhard Jacobs / Ritva Karlsson / Ritva Vesalainen
Verstehen Sie das?
Übungen zum Hörverständnis
136 Seiten, mit Zeichnungen, kt. Hueber-Nr. 1358
Dazu ist lieferbar: 1 Compact-Cassette mit der Aufnahme der Übungen zum Hörverständnis

Heinrich Stalb
Praxis
Verstehen, Schreiben, Stellungnehmen
112 Seiten, mit Fotos und Zeichnungen, kt. Hueber-Nr. 1314
Dazu: Lehrerheft – 1 Compact-Cassette mit der Aufnahme sämtlicher Hörtexte

Max Hueber Verlag · München